Chernóbil

CHERNÓBIL
zona de exclusión

Gonzalo Jiménez Varas

MARESÍA

Pie de Pãgina

Título original: *Chernóbil: zona de exclusión*
Primera edición, febrero de 2026

© Gonzalo Jiménez Varas
© Prólogo: Almudena Vidorreta
© Ilustraciones de cubierta: Alfredo Jiménez Bastida
© Fotografía del autor: Gonzalo Jiménez Varas
© Diseño y maquetación de interior: Marta Vega

Depósito legal: M-3206-2026
ISBN: 979-13-990802-8-5

Impreso de forma cariñosa en España.

A todas las víctimas del accidente de Chernóbil

Índice

PRÓLOGO   13

El silencio   21

PRIMERA PARTE   23
  What a time to be alive!   25
  Noche de primavera   26
  Madrugada   27
  Valeri Ilich Jodemchuk   28
  26 de abril de 1986   29
  El cráter   30
  D-Day   31
  Pets   32
  Los topos de los Baskerville   33
  El otoño   34
  El último baile   35
  URSS   36
  Feliz Día de la Solidaridad Internacional
  de los Trabajadores   37
  Los besos   38
  14 de mayo de 1986   39
  Meanwhile in the US   40
  El túnel   41
  Joker   42
  Liquidación   43

90 segundos 44
Diátlov 45
Vida media 46
Apple Tree 47
Consulta médica 48
Póntelo, pónselo 49
El gato revolucionario 50
¿Cómo? 51
[Chernóbil…] 52
El sarcófago 53

Segunda parte 55
Turismo 57
Prípiat 58
Día de feria 59
Welcome to the Jungle 60
En busca del arca perdida 61
El bosque 62
Los caballos de Przewalski 63
Amores perros 64
La conquista del espacio 65
Asimetría 66
Signo 67
Zona de exclusión 68

Anexo 69

Agradecimientos 81

Un mundo conocido..., convertido en desconocido.

Svetlana Alexiévich, *Voces de Chernóbil*
Penguin Random House, 2015

*Qué ganas de volver al lugar donde nacimos
y correr con los brazos extendidos,
limpiar el aire como uno de esos aviones
que arrojan espuma
sobre el sarcófago humeante.*

Natalia Litvinova, *Siguiente vitalidad*
La Bella Varsovia, 2016

Prólogo

Radiación y poesía
ALMUDENA VIDORRETA

Las grandes catástrofes nucleares que han marcado nuestra historia reciente, desde las intencionadas de Hiroshima y Nagasaki hasta los accidentes de Fukushima o Chernóbil, han dejado una huella indeleble no solo en la memoria política y científica del siglo xx, sino también en su imaginario poético. Frente a la devastación que supone la radiación, la mutación y el silencio que en ocasiones ha seguido a la hecatombe, la literatura ha ofrecido un espacio de duelo, denuncia y reflexión sobre los límites de lo humano y lo natural. Desde la *Poética* de Aristóteles sabemos además que la contemplación de las tragedias en el teatro, o la recreación del cataclismo en el poema, en este caso, ayuda a purgar las pasiones y transformar las emociones por su valor catártico. Gracias a esta lectura acompañamos al poeta en un proceso de sublimación motivado por una riqueza testimonial y literaria que ahonda en el sufrimiento por medio del arte.

Con todo el conocimiento de un experto en la materia como Gonzalo Jiménez Varas, profesor de Ingeniería Nuclear en la Universidad Politécnica de Madrid, aunque también estudioso de literatura contemporánea, tocado además por el don de la poesía, este libro se sitúa en una larga tradición poética o ecopoética de la narrativa del desastre, de la retórica que ahonda en la catástrofe tecnológica. Los poemas de *Chernóbil: zona de exclusión*, aunque lejos de las circunstancias del evento, se muestran cercanos a los detalles de su desarrollo porque están escritos por alguien que ha pasado años estudiándolos. Su tratamiento del tema permite relacionarlos con versos como los del poeta y activista japonés Toge Sankichi (1917-1953), superviviente de Hiroshima, que en 1951 publicó *Genbaku Shishū*, probablemente la más conocida colección de *Poemas de la bomba atómica*, testimonio de su trauma en clave lírica y toda una crónica literaria. Como en el poema «Seis de agosto» de este último, cabe preguntarse si «podemos olvidar ese destello». Quedan así las estrofas irremediablemente ancladas en los días. Gonzalo Jiménez también apela al calendario, como muestra «26 de abril de 1986», fecha que, a su vez, se convierte en primer verso del libro, y representa la ruptura paradójica del silencio que asolaba el paisaje y detuvo a las criaturas en el fatídico escenario.

ALMUDENA VIDORRETA

No hay sino oxímoron desde la concepción misma de esta obra, que logra la belleza mirándose al espejo de la destrucción, mientras admira la grandilocuencia de los procesos que se llevaban a cabo en la central nuclear: «Se alimentan los reactores del milagro de la fisión, / refrigeran sus turbinas con el río / produciendo dulce y tierna electricidad». Lo ominoso y la hermosura se dan la mano en estas páginas que beben de una larga tradición para hacerla suya y relatarnos el orden de los acontecimientos: «Un bellísimo cisne blanco / dialoga con la muerte / en la balsa de refrigeración», canta en «El último baile».

Los poemas de Gonzalo Jiménez ahondan con su propia luz en el imaginario recientemente transitado por autoras que sirven, además, de pórtico del libro, como Svetlana Alexiévich, con su coro de *Voces de Chernóbil* (2015), o Natalia Litvinova y su *Siguiente vitalidad* (2016). Con su propio estilo, Gonzalo dialoga con una tradición que entiende la radiación como metáfora de la interconexión, pero también de la vulnerabilidad global, en la estela de los textos de Günter Anders o los poemas de Juliana Spahr en *This Connection of Everyone with Lungs* (2005). En el ámbito hispánico, cómo no recordar las visiones de la devastación ecológica que nos asola en la poesía de Jorge Riechmann. De la misma forma, hay en estas páginas una amalgama de mensajes que se alimentan de géneros diversos, también de documentales como

Chernobyl: The Lost Tapes (2022) de James Jones, explícitamente mencionado por el autor.

Sin embargo, a diferencia de los testimonios directos o de la poesía abiertamente política, este libro opta por una voz más meditativa, donde la materia contaminada se confunde con la memoria íntima. El desastre no es solo un acontecimiento histórico, sino una forma de habitar el mundo después del fin. A través de la fragmentación, el uso del silencio tipográfico y la presencia de imágenes científicas, estas composiciones construyen una poética de lo residual: aquello que persiste tras la explosión. En este sentido, la obra también se inscribe tangencialmente en una tradición de poesía posthumanista que repiensa la relación entre cuerpo, tierra y tecnología. Todo con la simpleza y la precisión de poemas tan breves que constan de un solo verso, como «*Apple Tree*»: «¿Quién muerde las manzanas de Chernóbil?». Con el debido respeto, rinde un homenaje a los protagonistas y víctimas de los hechos, a algunos de los cuales pone nombre y apellidos en determinadas páginas, y a quienes dedica el libro.

Para los menos instruidos, estos poemas se acompañan de una carta de navegación gracias a la cual la literatura queda anclada en la realidad descrita. El texto anexo ofrece un señero panorama sobre la catástrofe nuclear de Chernóbil, detallando las fallas operacionales y de diseño del reactor que condujeron a las explosiones. Gonzalo describe la respuesta inicial que incluyó las primeras víctimas, los bomberos y la evacuación tardía de Prípiat, además de la posterior labor de contención mediante el vertido de materiales y la construcción del «sarcófago» por parte de los liquidadores. El informe anejo a los poemas aborda asimismo la gestión política del accidente, la posterior reasignación de responsabilidad entre errores humanos y de diseño, y las consecuencias a largo plazo, como los problemas de salud mental o el cáncer de tiroides. Finalmente, recuerda el cambio de percepción sobre la zona de exclusión, que ahora es un destino turístico, y las adaptaciones biológicas observadas en la fauna y flora local, sugiriendo que la influencia humana es más dañina que la radiación en los ecosistemas salvajes. Las referencias a los poemas son constantes, aportándoles, así, una doble dimensión que enriquece la obra y le otorga un carácter propio, una esencia única: de todo lo que pasó, de sus indicios y razones, de sus damnificados y de sus consecuencias, hay una huella rapsódica en *Chernóbil: zona de exclusión*.

Recordar la tragedia por medio de la palabra y evocar el dolor al calor de la poesía, que es herramienta de recuerdo, supone mérito principal de esta colección. Y como telón de fondo, la naturaleza, sabia y preparada para advertirnos del peligro, según se cuenta de los prevenidos pájaros e insectos el día del accidente, al amparo de su escondrijo: «Tampoco volaron las avispas, / ni los gorriones ni las alondras / cruzaron los cielos». En una época como la nuestra, marcada por nuevas crisis energéticas y climáticas, este libro nos recuerda que el lenguaje sigue emulando un territorio radiactivo, ese espacio donde es posible que las heridas del pasado continúen emitiendo su luz invisible.

ALMUDENA VIDORRETA

El silencio

El 26 de abril de 1986
las abejas no salieron a recoger polen.
Tampoco volaron las avispas,
ni los gorriones ni las alondras
cruzaron los cielos.

En aquel día de primavera
solo un silencio denso,
incoloro, inodoro e insípido
invadió la tierra, el aire y el agua
y se instaló en nosotros
y nunca más nos abandonó
pese al ruido que vino luego.

Ya soy viejo, no me importa,
nunca dejé mi casa,
hundo las manos en la tierra
cuando cultivo mis verduras,
pero no cazo animales,
eso no.
Ellos también
llevan dentro el silencio.

PRIMERA PARTE

WHAT A TIME TO BE ALIVE!

Sonia y Dimitri juegan al vóley playa
mientras los niños construyen castillos de arena
en la orilla del río Prípiat.

El barco turístico cruza sus aguas
llevando risas y brindis y celebraciones de boda
y música y danza y vodka y miradas de amor.

Los patos chapotean en los márgenes
mientras los cisnes, reflexivos,
observan a la gente pasar.

Se alimentan los reactores del milagro de la fisión,
refrigeran sus turbinas con el río
produciendo dulce y tierna electricidad.

NOCHE DE PRIMAVERA

El ruiseñor silba
sus majestuosas notas
en el azul profundo
de la suntuosa noche.
Responde pérfido el mirlo
exhibiendo su sinfonía,
regalándole al bosque
cantos de vida y esperanza.
Danzan las luciérnagas
al ritmo de sus coplas,
dibujan en el aire
un perfume oriental
de seda y rosa.

Un trueno y un relámpago invaden los cielos.
Se hace el día en la noche y la noche en el día.

El ruiseñor calla.
El mirlo enmudece.

El cuervo grazna.

Gonzalo Jiménez Varas

Madrugada

Hay un incendio en la central

VALERI ILICH JODEMCHUK

¿Dónde está Valeri?
¿No ha vuelto de la sala de máquinas?
¿Dónde está Valeri?
¿No ha vuelto de la sala de máquinas?
No ha vuelto de la sala de máquinas.
No ha vuelto.

26 DE ABRIL DE 1986

Es un día de colegio en Prípiat
pero hay sirenas en la calle
y los niños corren tras las ambulancias
y la central está cubierta por una niebla espesa
y soldados con mascarilla recorren las casas
y hablan de emisiones y evacuación.

Pero la espera es eterna
y los niños juegan en el silencio de los parques
y los adultos fuman y discuten
y las tanquetas limpian las calles de la ciudad
y las palomas grises beben agua de los charcos.

La espera es eterna,
pero hoy no es el día D.

El cráter

Una libélula de metal
sobrevuela el cráter del reactor n.º 4.
La carga de arena, bamboleante,
amenaza la estabilidad del vuelo.

Igor siente un sabor metálico en la boca
y un pequeño
casi imperceptible
picor en la garganta.

Tira la carga y vuelve a por más.

Carraspea y tose un poco.

Y otro poco.

Y un poco más.

Y más.

D-Day

2200 autobuses llevan
el futuro de la URSS
en sus entrañas,
las caras sonrientes
de un día sin colegio.

El aullido insoportable
de los perros abandonados
les despide.

Solo serán tres días, dicen.
Pero serán los días más largos.

Pets

Las mascotas muertas de la zona
no descansan en paz.

Fueron abandonadas a su suerte
y luego sacrificadas
por un crimen que ellas
no habían cometido.

Dicen que, si la noche es clara,
aún se oyen sus aullidos.

Gonzalo Jiménez Varas

Los topos de los Baskerville

Es el escenario de un crimen. Los cuerpos de tres topos yacen inertes en la huerta, separados entre sí 120° en un triángulo perfecto. La madrugada envuelve sus cuerpos con un halo de misterio. Los detectives reflexionan, fumando de sus pipas en caladas largas y discontinuas. Rodean los cuerpos, observan con su lupa, recogen muestras del suelo.

Los gatos se acercan a los topos, los huelen, pero no los prueban. Los escarabajos de Colorado se comen las patatas del suelo. Los hombres y las lombrices han desaparecido hace días sin dejar huella.

He aquí una pista, querido Watson.

El otoño

Amarillean los abedules
y se van descarnando al bailar.

Enrojecen los pinos
y se retuercen abrasados por el aire.

Los álamos naranjean
y pierden sus hojas necrosadas.

En plena temporada primavera-verano,
el viento trae el otoño al bosque de Chernóbil.

Gonzalo Jiménez Varas

El último baile

Un bellísimo cisne blanco
dialoga con la muerte
en la balsa de refrigeración.

El agua pastosa, caliente y oscura
embota sus alas con un crudo invisible.

El bellísimo cisne blanco
grita pero nadie le escucha.

Es el árbol que cae
en mitad del bosque.

URSS

El silencio viaja con el viento,
visita cada valle y cada montaña,
toca cada puerta y gira en cada esquina,
acalla los murmullos y sosiega los gritos.
¿Quién puede alzar la voz siendo mudo?

Gonzalo Jiménez Varas

Feliz Día de la Solidaridad Internacional de los Trabajadores

El primero de mayo
sonríen los niños en Kiev.
Pero el águila, venida del oeste
les advierte con su chillido:
el enemigo ya ha llegado
a las puertas de la ciudad.

LOS BESOS

Están prohibidos
estrictamente prohibidos
los besos y los abrazos
si te llamas Vasia
y eres bombero
y es mayo de 1986
y estuviste intentando apagar el fuego que nunca se extingue
y habitas en el hospital n.º 6 de Moscú
y tu carne arde y se ulcera al tacto
y la muerte se intuye un paraíso
y nunca conocerás a tu hija (Natasha)
y tu hija (Natasha) nunca conocerá el mundo.

Gonzalo Jiménez Varas

14 DE MAYO DE 1986

«Hemos conseguido evitar
las consecuencias más graves»
oyes decir a Gorbachov en el televisor
a 200 km de tu central
a 2000 km de tu casa
a un millón de kilómetros
de aquello que llamabas
vida.

El 16 de mayo de 1986, tan solo 57 h después de que Gorbachov se dirigiese a la URSS y hablara (sin hablar) de Chernóbil, se estrenó *Top Gun*. Mientras Maverick derribaba MiG ficticios sobre el Índico y superaba la traumática muerte de su copiloto Goose, enamorando aún más a la ya enamorada Charlie… Mientras todo eso pasaba, varios bomberos agonizaban en el hospital n.º 6 de Moscú y un reactor fundía las esperanzas de todo un sistema político. El 27 de mayo de 2022, tan solo 57 días después de la ocupación militar rusa de Chernóbil, se estrenó *Top Gun: Maverick*. Mientras Tom Cruise luchaba por ser aún el protagonista y sometía a todo el equipo de rodaje a un despiadado entrenamiento militar de élite con cazas reales, el ejército ruso libraba una batalla desconocida ante un enemigo invisible. Ellos abandonaron la zona, pero la zona no les abandonó a ellos. El 23 de julio de 2024, Glen Powell confirma (sin confirmar) que *Top Gun 3* está oficialmente en proyecto y se estrenará en 2026, 40 años después de aquel soleado 26 de abril. El reactor se estremece en su sarcófago.

EL TÚNEL

Los hombres-topos horadan el suelo
bajo el reactor n.º 4
buscando la forma de llegar
al centro de la Tierra
sin quemarse las manos.
Aunque quizá ya sea tarde para eso
y estén en el cuarto círculo de Dante
(donde penan los codiciosos)
caminando ya hacia el quinto
(donde los iracundos se retuercen de cólera)
y con vistas al séptimo
(donde residen aquellos que les ordenaron cavar).

JOKER

Un superhéroe electromecánico
de la más alta tecnología alemana
yace muerto por exceso de silencio
entre los escombros de la bestia.

Quiso conocer la tierra
del trigo amarillo y del cielo azul
pero el grafito no es diamante
y el uranio es kriptonita.

Gonzalo Jiménez Varas

Liquidación

240000 soldados voluntarios
240000 soldados «voluntarios»
240000 soldados
240000 «soldados»
240000
24000
2400
240
24
2
1
0

90 SEGUNDOS

El hombre de hojalata
parte a su misión:
salir a la terraza
subir la escalera
primera plataforma
subir la escalera
segunda plataforma
coger grafito
tirar grafito
coger grafito
tirar grafito
descansar unos segundos
disfrutar del silencio ahí arriba
bajar la escalera
primera plataforma
bajar la escalera
salir de la terraza
llegar al hogar
esperar a las sombras

Gonzalo Jiménez Varas

DIÁTLOV

El ingeniero jefe Anatoli Diátlov intenta lavarse la cara, pero no puede: las manos no dejan de sangrarle. Por eso tampoco puede dar la mano, ni vestirse solo, ni fumar un cigarrillo. Anatoli intenta vendarse las manos para que no le sangren, pero la sangre mancha las vendas y las vendas sobre las vendas y las vendas sobre las vendas sobre las vendas. Nadie ayuda a Diátlov en su soledad carcelaria. El ingeniero jefe decide un día probar el sabor de la sangre que brota de sus manos. Anatoli Diátlov descubre con pánico que ese sabor no es suyo. La sangre que mancha sus manos es la sangre de otros.

Vida media

¿Cuántas vidas humanas dura una vida media?

0.000274 en el caso del yodo-131.
0.375 en el caso del cesio-137.
301 en el caso del plutonio-239.

¿Cuántas vidas medias caben en una vida humana?

Gonzalo Jiménez Varas

APPLE TREE

¿Quién muerde las manzanas de Chernóbil?

CONSULTA MÉDICA

¿Por qué estoy tan cansado
y no puedo trabajar?

¿Es razonable estar siempre enfermo
sin estar nunca enfermo?

¿Por qué mi voz suena
cada vez más muda?

¿Es posible tener cáncer
antes de tener nombre?

Gonzalo Jiménez Varas

Póntelo, pónselo

Tome anticonceptivos.
No sea radiófoba.
Tome anticonceptivos.
No haga caso a los rumores.
Tome anticonceptivos.

¿No toma anticonceptivos?
Entonces, aborte.

El gato revolucionario

La pequeña Katia cumple seis años un sábado de abril de 1986.
Ese mismo día, anuncian una excursión a una ciudad lejana,
solo se permiten seres humanos, lo siento mucho, pequeña.
Pero la pequeña Katia no quiere desprenderse de su gato,
intenta ocultarlo en una maleta, hacer de él un polizón.
Pero el gato prefiere vivir de pie que morir de rodillas.

La adulta Katia se recupera lentamente en el hospital
de las manchas negras que pueblan su cuerpo.
No siente dolor, pero no acaba de entender
el porqué de su transmutación leopardina,
¿quizá su gato se acuerde de ella?

La anciana Katia, sin un pelo
que cubra su cabeza, exhala
su último aliento y muere
en el año 1987 después
del nacimiento de
Nuestro Señor
Jesucristo.

Gonzalo Jiménez Varas

¿CÓMO?

¿Cómo distinguir la oscuridad en la luz del amanecer?
¿Cómo reconocer el silencio en el canto de los pájaros?
¿Cómo vivir estando ya muerto?

Chernóbil fue mi hogar

GONZALO JIMÉNEZ VARAS

El sarcófago

La tumba, gris y monstruosa
sepulta a un hombre vivo.

El muro cae.

La paloma vuela.

Hoy es el primer día
del resto de nuestras vidas.

SEGUNDA PARTE

TURISMO

Una torre de refrigeración a medio construir
da la bienvenida a la central nuclear soviética.

La neblina oculta la chimenea
y la cubierta del reactor n.º 3
allá donde encontraron su destino
tantos hombres de hojalata.

El sarcófago del reactor n.º 4
mira impasible al turista.
En su corazón laten
incansables
los tambores de Jumanji.

Prípiat

La ciudad fantasma nos recuerda
de dónde venimos y adónde vamos.
Sus calles vacías están pobladas de aquellos
que en 1986 llamábamos mascotas
o ganado
o fieras del bosque
y que en 2009
nos dan la bienvenida a su reino
y nos reciben como iguales.

Gonzalo Jiménez Varas

Día de feria

La noria de cabinas amarillas se alza aún desafiante
orgullosa de su estampa
triste por saberse no solo abandonada, sino prohibida.
Los coches de choque amarillos, rojos y verdes
lucen decrépitos
como vehículos arrastrados en una dana.
La piscina, llena de aire, vacía de agua,
se desdienta
y mira con nostalgia sus trampolines olímpicos.
El musgo que todo lo invade se ríe de nosotros
con su verde primavera
en el otoño perenne de Prípiat.

Welcome to the Jungle

Los árboles crecen dentro
de los grises edificios oficiales.
Las hierbas devoran poco a poco
las carreteras de negro asfalto.
Las casas desaparecen en el bosque
engullidas por su voracidad de animal salvaje.

El lince gruñe. El bisonte brama.

Es el tiempo de las cerezas.

Gonzalo Jiménez Varas

En busca del arca perdida

El hombre moribundo
—que no muerto—
necesita un nuevo transporte
para continuar su viaje.

Esta vez no quiere un sarcófago egipcio
ni toneladas de plomo, arena y cemento;
sueña con un traje hermoso y liviano.

Seis años y tres millones de tornillos después,
el arca perdida llega flotando sobre raíles
a cubrir sus ojos, sus cicatrices y heridas
en un blanco y eterno sueño.

El bosque

Un lobo gris observa con curiosidad
un letrero amarillo que grita
¡Deténganse! ¡RADIOACTIVO!
El lobo gris lo rodea, lo huele, lo lame
y luego decide
                    orinar en él.

Gonzalo Jiménez Varas

Los caballos de Przewalski

El último caballo salvaje del mundo
disfruta de su libertad
en el territorio más salvaje del planeta.

Prefiere la punzante mirada del lobo
a la brida y la fusta.
La huida y el acecho
a la esclavitud del circo.

El último caballo salvaje del mundo
respira tranquilo.
Ya sabe que no será
el último caballo salvaje del mundo.

AMORES PERROS

Los jóvenes perros de Chernóbil
no temen al silencio.
Ladran, aúllan, gruñen
y juegan a ser lobos.

Vieron crecer a sus padres,
a sus abuelos y a sus tíos
en el más estricto mutismo.

Pero eso ya se acabó.

Los jóvenes perros de Chernóbil
tuvieron que aprender ellos solos
a alzar la voz sin perder la vida.

GONZALO JIMÉNEZ VARAS

LA CONQUISTA DEL ESPACIO

Los hongos han terminado de conquistar
cada centímetro de pared
del sarcófago del reactor n.º 4.
Todo está callado en su interior
y eso les hace más fuertes.
Su alimento es el silencio.

Asimetría

Allí donde canta el cuco
de forma irregular y aberrante.

Allí donde produce la araña
una tela asimétrica y desordenada.

Allí donde habitan las ranas verdes de San Antonio,
completamente negras desde su nacimiento.

Allí donde viven las golondrinas de manchas blancas
sabiéndose únicas en su especie.

Allí, en aquel lugar,
aquellos que llenaron de silencio
la tierra, el aire y el agua
no serán, nunca más,
bienvenidos.

Gonzalo Jiménez Varas

SIGNO

Dice Svetlana Alexiévich
que Chernóbil es un enigma
que aún debemos descifrar.

Dice Svetlana que tal vez es el enigma del siglo XXI
(Dice Alexiévich que es un reto para nuestro tiempo)

Dice Svetlana Alexiévich
que Chernóbil es un signo
que no sabemos leer.

Ferdinand de Saussure calla.

Zona de exclusión

La tierra de nadie es la tierra de todos.
La tierra es de nadie.
La tierra es de todos.
La tierra no es de nadie.
La tierra no es de todos.
La tierra no es de.
La tierra es.

ANEXO

El 26 de abril de 1986 a la 1:23 de la mañana se oyeron dos explosiones en el reactor n.º 4 de la central nuclear de Chernóbil, ubicada en Ucrania y muy cerca de la frontera con Bielorrusia. Apenas treinta minutos antes del accidente, el grupo de operación de la unidad n.º 4 comenzó a realizar una prueba de seguridad con el reactor nuclear en marcha. Tal prueba, destinada a comprender mejor el funcionamiento del reactor ante una emergencia, tras haber instalado un nuevo regulador de voltaje en el alternador, consistía en comprobar si, tras la parada de la turbina, su inercia de giro permitía alimentar eléctricamente equipos de seguridad durante el suficiente tiempo hasta que los generadores diésel de emergencia pudiesen estar disponibles. Pero la prueba no se pudo realizar a la potencia deseada (700 megavatios térmicos, MWt) por un error de operación, realizándose a 200 MWt, una potencia muy inestable para dicha maniobra. Como el grupo de operación temía que el reactor se parara precisamente por las inestabilidades, desconectaron el sistema automático de protección del reactor (una maniobra no permitida en otros tipos de reactores nucleares), que detiene la operación del mismo en caso de emergencia. Tras comenzar la prueba, el núcleo del reactor comenzó a refrigerarse deficientemente y a producir demasiado vapor. En contra de los estándares occidentales, la excesiva generación de vapor en este tipo de reactor (RBMK) moderado por grafito y agua realimentaba positivamente la reacción nuclear e incrementaba la potencia, lo que a su vez conllevaba más producción de vapor, lo que al mismo tiempo provocaba un nuevo aumento de potencia y así indefinidamente. Al identificar esta situación, los operadores activaron la parada manual del reactor y ello paradójicamente produjo un aumento de más de un 10 000 % de la potencia (por un defecto en el diseño de las barras de parada), lo que causó una primera explosión debida a la vaporización súbita de toda el agua en contacto con el combustible nuclear. Se produjo una segunda explosión por causas que algunos expertos atribuyen a la detonación del hidrógeno y el monóxido de carbono liberados por la oxidación de las vainas del combustible y el grafito. La energía liberada súbitamente destruyó el edificio del reactor (dicho modelo de central no tiene un edificio de contención reforzado) y causó un incendio en el grafito que formaba parte del núcleo.

El operador Valeri Ilich Jodemchuk, que se encontraba en el momento del accidente en la sala de máquinas, fue una de las dos primeras víctimas del accidente. Los bomberos de la central, que vivían en Prípiat y en Chernóbil, fueron alertados a la 1:30. Lucharon denodadamente para extinguir el incendio, pero a un coste muy alto para su salud. La mayor parte de ellos padecieron síndrome de radiación aguda y desarrollaron quemaduras, úlceras y trastornos hematopoyéticos y gastrointestinales a los pocos días o semanas del accidente. Pese a la rapidez de la atención médica, realizada en primera instancia en el hospital de Prípiat y posteriormente en el hospital n.º 6 de Moscú, 28 trabajadores de emergencias fallecieron en 1986 y 19 más en el periodo 1987-2004.

Tras las primeras horas, la prioridad para el Gobierno soviético fue lograr la extinción completa del incendio y la estabilización del núcleo fundido. Durante varios días, empleando helicópteros se vertieron toneladas de compuesto de boro, dolomita, arena, arcilla y plomo para intentar evitar que las reacciones de fisión volvieran a ponerse en marcha, suprimir posibles combustiones locales, blindar de la radiación y filtrar los elementos radiactivos.

No fue nada sencillo planificar una evacuación que no estaba concebida de antemano. Por eso no se produjo hasta 36 horas después del accidente, cuando unos 2200 autobuses evacuaron cerca de 50 000 personas residentes en Prípiat. No se permitió la evacuación de las mascotas y muchas de ellas fueron sacrificadas posteriormente.

Según los testimonios recogidos en el libro *Voces de Chernóbil* (Svetlana Alexiévich, 2015) y en documentales como *Chernobyl: The Lost Tapes* (James Jones, 2022), la naturaleza de la zona fue la primera en dar el aviso de que algo estaba mal. Por eso, según los agricultores locales, las abejas, las avispas y la mayor parte de los pájaros no salieron el día del accidente. Tampoco fue posible encontrar lombrices, que se escondieron en las capas más profundas de la tierra y muchos animales que habitaban en la superficie y en las primeras capas del suelo no sobrevivieron. En las semanas siguientes, muchos árboles amarillearon y otros, como los del Bosque Rojo, enrojecieron y murieron por la radiación.

Las emisiones radiactivas se expandieron rápidamente por el continente europeo. De hecho, quien dio la alarma internacional fue la Central Nuclear de Forsmark en Suecia, que detectó altos niveles de radiación el 27 de abril en el exterior del emplazamiento. Pero la política del silencio se impuso y la URSS no comunicó inmediatamente ni a los países vecinos ni a su propia población la magnitud del accidente. Por eso mismo, el día 1 de mayo se celebró sin incidencias el Día de la Solidaridad Internacional de los Trabajadores en Kiev, a menos de 200 km de Chernóbil, con miles de personas

Gonzalo Jiménez Varas

en la calle. No fue hasta el 14 de mayo cuando Mijaíl Gorbachov reconoció ante los telespectadores soviéticos la gravedad del accidente y las primeras consecuencias humanas del mismo. Mientras tanto, en el mundo occidental se especulaba sobre lo ocurrido, pero sin conocer la dimensión real del accidente.

También en el mes de mayo se decidió iniciar los trabajos de limpieza, desescombro, refuerzo y blindaje del edificio de los edificios afectados de los reactores n.º 3 y 4. Los trabajos de desescombro del combustible y el grafito fueron muy complejos debido a la alta radiactividad de los materiales. Se realizó un primer intento de manipulación en remoto gracias a un robot alemán (llamado Joker) que no sobrevivió a los niveles de radiación. Por ello, se decidió ejecutar el trabajo de desescombrado de manera manual gracias a un extenso y heterogéneo conjunto de personas denominadas «liquidadores», que se estima que llegaron a ser unos 600 000 (240 000 de ellos soldados). Los turnos no superaban los 90 segundos por las grandes dosis asociadas a los mismos. La construcción del edificio de confinamiento del reactor n.º 4 (denominado «sarcófago») comenzaron con el refuerzo de la losa debajo del reactor, puesto que se temía que el combustible fundido alcanzase los depósitos subterráneos de agua. Para ello, se construyó un túnel debajo del reactor trayendo un equipo de 400 mineros de diferentes regiones de la URSS. A finales de 1986, tras la construcción de los muros de hormigón y la cubierta del edificio, se consiguió terminar el sarcófago que confinaría el reactor durante décadas.

En agosto de 1986 tuvo lugar la primera reunión internacional en la que se analizaban técnicamente las causas del accidente con detalle, la cual dio como fruto el informe INSAG-1 del Organismo Internacional de Energía Atómica (OIEA). La mayor parte de la responsabilidad del accidente se atribuyó a errores humanos, violaciones de los protocolos de operación y, en general, a la falta de una adecuada cultura de seguridad. Menos de un año después, en julio de 1987, se celebró en la Casa de la Cultura de Chernóbil un juicio en el que se inculpó con penas de 10 años de cárcel al ingeniero jefe adjunto Anatoli Diátlov, al director de la planta Víktor P. Briujánov y al ingeniero jefe Nikolái M. Fomín. Otros tres cargos fueron inculpados con penas menores. Posteriormente, en 1992, se publicó el informe INSAG-7, que actualizaba el INSAG-1 teniendo en cuenta la información desclasificada desde el accidente. En este nuevo informe había un cambio relevante en las conclusiones, donde se ponía de relieve el papel de los errores de diseño del reactor en el accidente y se matizaba la responsabilidad del grupo de operación en la evolución del mismo.

Poco después del accidente se definió la zona de exclusión de Chernóbil como (aproximadamente) los 30 km de radio alrededor de la central, donde no se permite habitar a seres humanos. La única actividad industrial permitida fue la explotación de los otros 3 reactores de la central, cuya última unidad paró su funcionamiento en el año 2000. El terreno en las cercanías del reactor fue contaminado heterogéneamente con elementos de baja vida media (principalmente yodo), otros de vida más larga (cesio y estroncio), pero también con otros cuya vida media es de miles de años (plutonio). Esto hace que, 40 años después, la contaminación de la zona de exclusión sea muy irregular, habiendo zonas altamente contaminadas cerca de otras en las cuales solo se detecta la radiación del fondo natural.

La mayor parte de las consecuencias humanas no han sido inmediatas. En su informe de 2018, el Comité Científico de las Naciones Unidas para el estudio de los Efectos de la Radiaciones Atómicas (UNSCEAR) hizo un balance de más de 19 000 casos de cáncer de tiroides desde 1991 hasta 2015 en habitantes de las zonas más afectadas que tenían menos de 18 años en el momento del accidente. Pero las consecuencias van más allá de las cifras. El estigma de haber vivido cerca de Chernóbil en el momento del accidente, el drama del exilio de las ciudades y pueblos cercanos y la incertidumbre sobre los efectos de la radiación sobre la salud ha derivado en una cantidad no despreciable de problemas de salud mental, añadidos a las enfermedades más comúnmente asociadas a la exposición a la radiación a largo plazo. Se añade también la frustración de las víctimas en los primeros años tras el accidente por la negación del reconocimiento de las enfermedades relacionadas con la radiación por parte de los médicos soviéticos.

Desde los años 2000, la percepción sobre el accidente ha comenzado a cambiar, convirtiendo Chernóbil en un paradigma de distopía y en un mito cultural. Debido a ello, en estos últimos años se han incrementado las visitas técnicas y turísticas a la zona controlada. El principal atractivo es la ciudad de Prípiat, abandonada después del accidente e invadida por la naturaleza. Otro de los hitos en el viaje es el sarcófago del reactor, renovado en 2016. Podría decirse que la curiosidad ha acabado venciendo al miedo.

Otro hecho que ha ayudado al cambio de percepción son los estudios ambientales que se han realizado en los últimos 40 años. En términos generales, se puede afirmar que las especies animales se han demostrado menos radiosensibles que los humanos e incluso especies salvajes han prosperado de forma muy notable en la reserva natural en la que se ha convertido la zona de exclusión. En algunas especies, como los perros salvajes, se habla en los estudios científicos de adaptaciones genéticas en las nuevas generaciones. En otros estudios, dedicados a las zonas más contaminadas, se han observado mutaciones como el albinismo parcial en las golondrinas, el canto irregular de los cucos, la creación de telas de araña asimétricas y la coloración negra de las ranas verdes de San Antonio, que podría protegerlas de la radiación gracias a su mayor cantidad de melanina. Estos últimos estudios han sido posibles gracias al trabajo en la zona de exclusión de científicos como Germán Orizaola, profesor de la Universidad de Oviedo. Un caso muy curioso es el de los hongos que crecen en el interior del sarcófago, ya que se ha demostrado que se alimentan de la radiación ambiente en un proceso similar al que se produce en la fotosíntesis con radiación de más baja intensidad, abriendo la puerta a su uso como alimentos en futuros viajes espaciales de larga distancia. Por los hechos observados en todos estos estudios se podría concluir que la influencia del hombre sobre las especies animales salvajes es mucho más nociva que los efectos de la radiación durante estos 40 años.

Por último, gracias a voces como la de Svetlana Alexiévich[1], Natalia Litvinova y Valzhyna Mort, series de

---

1   El poema «Madrugada» se construye a partir de una cita literal del testimonio de Liudmila Ignatenko, recogido en *Voces de Chernóbil* (Alexiévich, 2015, p. 20).

ficción como *Chernobyl*, documentales como *Chernobyl: The Lost Tapes* o videojuegos como *S.T.A.L.K.E.R.: Shadow of Chernobyl*, la memoria sobre el peor accidente nuclear al que se ha enfrentado la humanidad sigue viva 40 años después de aquel 26 de abril de 1986.

GONZALO JIMÉNEZ VARAS

Agradecimientos

Este libro no hubiese sido posible sin los consejos líricos de Laura García de Lucas y Almudena Vidorreta, excelentes poetas y profesoras, que estuvieron siempre presentes en este largo y complicado viaje por el río Prípiat. Agradezco igualmente a Nani González García, Juan Andrés García Román, Raúl Molina Gil y Álvaro López Fernández su cariño y su lectura atenta del poemario.

Asimismo, varios de mis compañeros de andanzas nucleares en la UPM —Nuria García Herranz, Eduardo Gallego, Sviatoslav Ibáñez y Carlos Vázquez Rodríguez— fueron imprescindibles para ayudarme a detectar cualquier anomalía científico-técnica que se escondiese bajo ropajes de seda y rosa. Agradezco también a Jóvenes Nucleares y a la Sociedad Nuclear Española la oportunidad de visitar Chernóbil en otoño de 2009, un viaje que nunca olvidaré.

Mi gratitud se extiende igualmente a mis alumnos en la ETSI Industriales de la UPM, que tanto me motivan a aprender sobre Chernóbil para poder estar a la altura de sus preguntas y curiosidades.

Quiero expresar además mi agradecimiento a mis compañeros de la Escuela de Escritores —tanto de poesía como de novela— y a mis camaradas de aventuras doctorales en la universidad española, que tan amablemente me han acogido y con quien he compartido —y sigo compartiendo— tantos buenos momentos dentro y fuera de la academia.

Mi reconocimiento alcanza también a todo el equipo de Pie de Página y, muy especialmente, a Juan Romeu, por su fe en este proyecto desde los primeros titubeos y esbozos a carboncillo.

Como no podía ser de otra manera, cierro estos agradecimientos dando las gracias a mi familia, a la que debo todo lo que soy.

Gonzalo Jiménez Varas (Madrid, 1982) es físico por la Universidad Complutense de Madrid (UCM) y doctor en Ciencia y Tecnología Nuclear por la Universidad Politécnica de Madrid (UPM), donde ejerce de profesor en el área de Ingeniería Nuclear. Especialista en accidentes severos en reactores nucleares, ha dirigido diez tesis doctorales y más de veinte proyectos de investigación, entre ellos el proyecto europeo AMHYCO.

Al mismo tiempo, es máster en Literatura Española y Latinoamericana por la Universidad Internacional de La Rioja (UNIR), donde realiza una tesis doctoral sobre poesía española contemporánea. En la convergencia entre ciencia y escritura, *Chernóbil: zona de exclusión* (2026) inaugura su obra poética, donde explora las fisuras, la memoria y las luces que persisten tras el desastre.

Títulos anteriores de Maresía (Pie de Página):

1. *Poesías y lágrimas I.* Juan Romeu, 2022.

2. *Poesía bonita y que se entiende. Antología comentada de poesía actual inédita y desconocida.* Varios autores (coord. Juan Romeu), 2023.

3. *El comienzo.* Valle Mozas, 2023.

4. *Deseos de otras noches.* Marc J. Mellado, 2023.

5. *Manta eléctrica.* Mario Díaz, 2023.

6. *Tú dices… Bécquer decía...* David Araújo, 2023.

7. *Asunto: Poesía.* Beatriz Minaya, 2024.

8. *Poesía bonita y que se entiende 2. Nueva antología comentada de poesía actual.* Varios autores (coord. Juan Romeu), 2024.

9. *La luz no es de nadie.* Luis Acebes, 2024.

10. *La belleza es otra cosa.* Camila Mermet, 2024.

11. *Nos lo scusurran les bentos.* Pablo Sánchez, 2024.

12. *En la misma habitación en que te sueño.* Andrea Cohen, 2024.

13. *Vértebras.* Pilar Roig Ferreruela, 2025.

14. *Diente de leche.* María José Coronado Luque, 2025.

15. *Un poco de orden. Reseñas de poesía española (2014-2024).* Arturo Tendero, 2025.

16. *Versos de un país que nunca pierde la esperanza. Poesía bonita y que se entiende de Argentina.* Varios autores (coord. Camila Mermet), 2025.

17. *Poesía bonita y que se entiende 3. Nueva antología comentada de poesía actual.* Varios autores (coord. Carlos Valdivia), 2025.

18. *Ver fugarse los crepúsculos. Poesía bonita y que se entiende de Colombia.* Varios autores (coord. Emilio Jaramillo), 2025.

19. *La emperatriz.* Valle Mozas, 2025.

Todas las erratas de este libro
han sido colocadas estratégicamente.